KB273537

호기심 팡팡 지식이 쏙쏙 시리즈 ③

마거릿 나이트, 종이봉투에 세상을 담다!

발명가 매티

호기심 팡팡 지식이 쏙쏙 시리즈 ③

마거릿 나이트, 종이봉투에 세상을 담다!

발명가 매티

달과소

마법의 봉지!

– 윌리엄 카를로스 윌리엄스*에게 경의를 표하며

이런 봉지는 처음이었어요.
네모반듯한 바닥으로 똑바로 선 채
집으로 가져가고 싶은 걸 모두 담을 수 있는 봉지는요.

이런 봉지는 처음이었어요.
깡통부터 타르트, 티슈까지
전부 다 담을 수 있는 빳빳하면서도 부드러운
똑같은 모양의 갈색 봉지는요.

정말 이런 봉지는 처음이었어요.
마침내 매티 나이트가
물건을 담을 수 있게
바닥에 똑바로 서는 종이봉투 기계를 발명하기까지는요.

* 윌리엄 카를로스 윌리엄스(William Carlos Williams) : 1883∼1963 미국의 소아과 의사이자 시인.

베틀, 북

실을 촘촘히 엮어 천을 짜는 기구를 베틀이라 합니다. 날실(세로 방향의 실)과 씨실(가로 방향의 실)을 규칙적으로 엮어 주면 한 올 한 올 따로 떨어져 있던 실들이 한데 모여 옷이나 이불의 재료로 쓰이는 천이 돼요.

날실은 마치 비가 내리는 것처럼 베틀에 세로 방향으로 나란히 자리잡고 있는데요. 그 날실과 날실의 사이를 '북'(실을 몸통에 매단 채 가로 방향으로 실을 이동시키는 도구)이 부지런히 가로 방향으로 오가며 날실과 씨실을 엮어 주는 역할을 합니다. 예전에는 많은 시간을 들여가며 사람 손으로 베틀을 이용해 천을 짰지만, 1800년대 초반 영국에 '방직공장'(실을 뽑아서 천을 짜는 공장)이 많이 생기기면서부터 기계가 점차 사람의 손을 대신하게 되었답니다.

특허

발명가가 새로운 기술을 만들어 내는 데 성공하면 무엇부터 해야 할까요? 발명품에 대한 특별한 권리를 우리는 '특허'라고 하는데요. 사람들에게 이러한 특허를 허가해 주는 행정기관이 있어요. 바로 '특허청'이지요. 여기에 가서 자신의 발명 기술과 발명품을 알리고 특허 신청을 하게 됩니다.
그럼 특허청에서는 발명가가 신청한 기술이 쓸모 있는 것인지 살펴보고 평가해요. 예전에 누가 만들었던 기술은 아닌지, 발명가가 신고한 기술을 이용해서 실제로 물건을 만들 수 있는지도 꼼꼼하게 검사하지요. 까다로운 심사를 모두 통과하면 특허청에서는 발명가에게 특허를 내준답니다. 특허를 받은 발명가는 그 발명 기술의 원리를 세상에 공개하는 대신 일정 기간 동안 자신의 기술을 나라로부터 보호받을 수 있게 되고요. 만약 다른 사람들이 발명가의 특허 기술을 이용하고자 한다면 이용료를 내야 한답니다.

소송

사람과 사람 사이에 시끄러운 다툼이 생겼을 때, 법원에 옳고 그름을 판결해 달라고 요구하는 것을 '소송'이라고 해요. 다투는 중에 피해를 당해서 법원에 심판을 요청하는 사람이 '원고', 반대로 다른 사람에게 피해를 줘서 심판 받게 된 사람을 '피고'라 하고요.

원고는 그동안 자기가 어떤 피해를 당했는지 재판관에게 자세히 설명하고, 반대로 피고는 자신에게 죄가 없음을 증명하기 위해 노력하지요. 이 책의 주인공 매티는 자기 손으로 발명해 낸 종이 가방 만드는 기술을 찰스 아난에게 빼앗겨 특허까지 잃을 위기에 처하자 그의 잘못을 심판하기 위해 소송을 시작합니다.

안전장치

기계가 고장이 나서 잘못된 작동을 하거나 사람들의 부주의로 문제가 생기면, 사고가 일어나는 것을 막기 위해 기계가 동작을 멈춰요. 혹시라도 사람이 다치지 않도록 보호해 주고 기계의 위험한 작동을 막아주는 장치를 안전장치라고 합니다.

공구 상자

물건을 만들거나 고치는 데에 쓰는 도구를 통틀어 말할 때 '공구'나 '연장'이라고 해요. 망치, 드라이버, 톱 같은 도구들이 모두 포함되지요. 그리고 그것을 담아 두는 상자를 공구상자 또는 공구함, 연장통 등 다양한 이름으로 부릅니다.

EASTERN PAPER BAG COMPANY

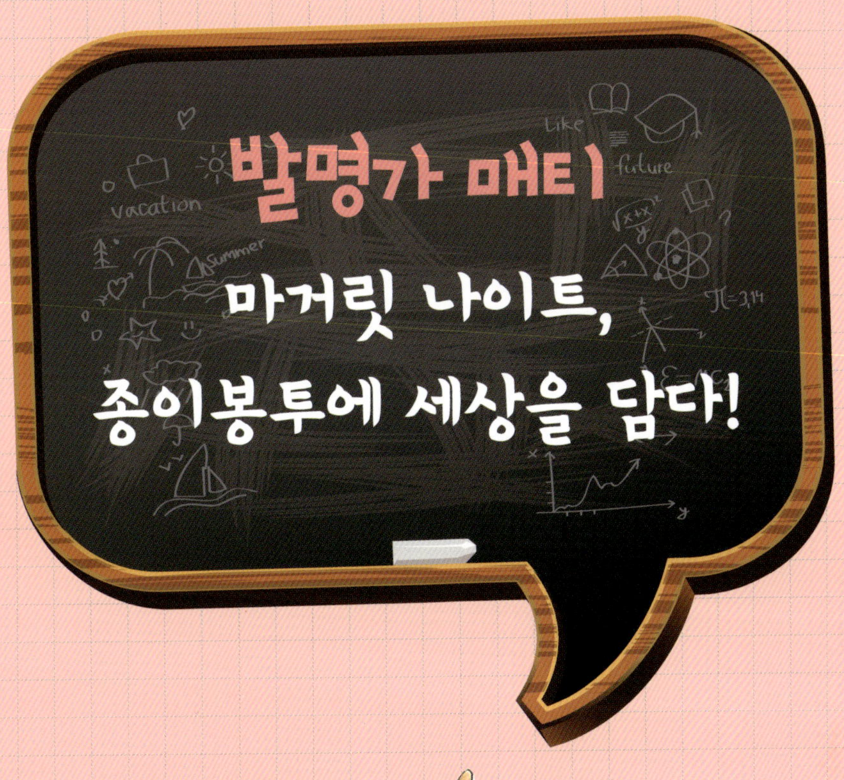
발명가 매티
마거릿 나이트,
종이봉투에 세상을 담다!

맥스웰 아저씨가 카운터 뒤에 서서 못을 세며 물었습니다.

"못은 뭐에 쓰려고 그러는 게냐, 매티?"

"오빠들한테 썰매를 만들어 주려고요."

사람들은 마거릿 나이트를 종종 매티라고 불렀답니다.

열두 살 매티는 1850년대를 사는 여느 미국 여자아이들과 달랐어요.

매티는 나무로 쿵닥쿵닥 뭘 만드는 걸 아주 좋아했거든요.

마을에서 내로라하는 최고의 연과 썰매를 만든 적도 있었지요!

맥스웰 아저씨는 네모난 종이 한 장을 고깔처럼 도르르 만 다음 꼭지를 꼭 비틀었습니다.

그러고는 그 '봉지'에 못을 집어넣었습니다.

"안녕히 계세요."

매티는 노래 부르듯 인사를 건넸습니다.

매티가 세 살 때, 아버지가 돌아가셨어요.

식구들은 뉴햄프셔 주의 맨체스터로 이사를 했습니다.

그곳에서 매티의 오빠 찰리와 짐은 옷감 공장에서 오랫동안 힘겹게 일을 했습니다.

매티도 열두 살이 되자 그곳에서 일을 했지요.

당시에는 아이들이 가족의 생계를 위해 공장에서 일하는 게 흔했어요.

그런데 매티는 종종 딴 데 정신이 팔렸어요.

커다란 베틀이 솜뭉치에서 실을 돌리는 모습에 넋을 잃곤 했답니다.

사장님이 매티에게 이렇게 으르렁거릴 때도 있었어요.

"꼬마야, 한눈팔지 말고 가서 일이나 해!"

베틀이 있는 작업장은 항상 축축했어요. 그래야 실이 끊어지지 않거든요. 그런데도 실은 툭툭 끊어지곤 했어요. 그것도 자주요.

핑!

어느 날, 끝에 쇠붙이가 달린 베틀 북이 헐거워져서 툭 튕겨 나왔어요. 그 바람에 어린 여자 종업원이 부상을 입고 말았지요.

매티는 그 사고가 머리에서 떠나지 않았어요. 실이 끊어질 때, 베틀에서 북이 튕겨 나오지 않게 무슨 수를 써야 했어요. 몇 달 동안, 매티는 '발명' 공책에 이것저것 그림을 그리고 또 그려 보았어요.

"알았다! 바로 이거야!"

마침내 매티는 외쳤습니다.

매티는 베틀 안전장치 그림을 공장장에게 보여주었어요. 공장장은 깜짝 놀라며 매티를 칭찬했습니다.

"정말 대단한 아이디어로군!"

이 안전장치는 매티가 처음으로 발명한 물건이었어요. 그렇지만 매티는 그 대가로 한 푼도 받을 수가 없었어요. 너무 어려서 특허품으로 등록을 할 수가 없었거든요. 매티가 만든 이 안전장치는 곧 공장에 있는 베틀마다 전부 다 달렸습니다.

매티는 공장 직원들이 보다 안전하게 일할 수 있어서 뿌듯했답니다.

곧 뉴햄프셔 주의 맨체스터 사람들 사이에는 소녀 발명가에 대한 소문이 자자했습니다.

"그 여자애 몇 살이랍니까?"

어떤 손님이 맥스웰 아저씨에게 물었어요.

"열두 살이에요. 게다가 그걸 저 혼자서 해냈다니까요."

맥스웰 아저씨는 빙그레 웃으면 대답했지요.

"말도 안 돼! 어떻게 그럴 수가 있단 말이오?"

"말 된다니까요!"

"뭐 대단한 발명이겠어요? 여자들은 기계를 모르는데…."

다른 손님이 끼어들었어요.

그러자 맥스웰 아저씨 부인도 참견했지요.
"여자들은 기계에 대해서 알 필요가 없어요. 연장하고 기계가
얼마나 위험한데요. 제대로 생각이 있는 사람이라면 자기 딸한
테 그런 일을 시키면 안 되지요!"

1868년, 매티 나이트는 서른 살이 되었습니다.

당시 대부분 여자들은 결혼해서 아이가 있었어요.

하지만 매티는 달랐어요.

매사추세츠 주 스프링필드에 있는 종이봉투 공장에 다니고 있었어요.

퇴근하고 집에 와서 보내는 저녁시간이 매티는 가장 행복했답니다.

새로운 기계를 만드는 꿈에 푹 빠져 있었으니까요.

매티가 가장 좋아하는 물건은 아버지가 남겨 주신 연장상자였어요.

그 연장으로 무언가를 뚝딱뚝딱 만들어 낼 때면, 아버지가 가깝게 있
는 것처럼 느껴졌지요.

어느 날, 매티는 공장에서 손으로 바닥이 평평한 봉지를 만들고 있었습니다.

순간, 문득 떠오른 게 있었어요.

'기계로 바닥이 좁은 봉지는 만드는데, 왜 바닥이 평평한 봉지는 못 만드는 거지?'

매티는 신이 났습니다. 새로운 발명거리가 생겼으니까요!

그날 밤, 매티는 바닥이 평평한 봉지를 자르고, 접고, 붙이는 기계를 설계하기 시작했습니다.

매티는 이리저리 설계를 해보았어요. 나무 모형도 여러 번 만들어 보았지요. 하지만 자신이 원하는 대로는 좀체 나오지 않았습니다. 기운이 빠지고 또 자신감을 잃었습니다.

어느 날 아침, 공장장이 매티에게 버럭 화를 냈습니다.

"일하다 말고 졸면 어떻게 해, 매티?"

진짜 졸았던 건 아니에요. 거의 졸 뻔했지만요.

"종이봉투 만드는 방법을 바꿀 아이디어가 있어요. 제 생각대로 된다면, 이 공장은 돈을 더 많이 벌 수 있을 거예요."

매티는 하품을 꾹 참으며 말했어요.

'돈을 더 많이 번다'는 말이 공장장의 귀에는 달콤한 음악처럼 울려 퍼졌답니다.

제대로 작동하는 나무 모형을 만들기까지 2년이 걸렸습니다.

기계가 종잇조각을 자르고 풀을 바르는 모습을
매티는 꼼꼼하게 들여다보았습니다.
이윽고 기계가 종이 끝을 잘라내고 사각형으로 접었습니다.
금세 바닥이 평평한 봉지가 탄생했어요!

매티는 무척이나 감격스러워서
시험 삼아 봉지를 수백 개나 만들었어요.
순식간에 마치 배달을 기다리는 것처럼
봉지가 주위에 한가득 쌓였습니다.

매티는 아주 근사한 발명품이라 믿어 의심치 않았어요.
이제 특허를 신청해야 했습니다.
그래야 다른 발명가가 매티가 설계한 도안을 몰래 훔쳐가서
돈을 벌 수 없거든요. 하지만 우선, 매티는 나무 모형이 아닌
쇠로 만든 기계가 있어야 했습니다.

그래서 기계조립 공장으로 찾아갔지요. 매티는 보스턴으로 향하는
기차에 올라탔어요. 매티는 기계조립 공장 카운터 위에 나무 모형을
올려놓았습니다. 그리고 그 옆에 설계도도 놓았지요.

"이 디자인대로 금속 모형을 만들어 주세요."

그러자 기계를 만드는 사람이 물었습니다.

"왜 남편분께서 직접 발명품을 안 가져오시고요?"

매티는 당당하게 말했어요.

"제가 발명했거든요."

　금속 모형이 완성되자, 매티는 그것을 받아들고 특허를 받으러 갔어요. 하지만 좋지 않은 소식이 매티를 기다리고 있었어요.

　찰스 아난이라는 남자가 매티의 기계와 똑같은 발명품을 등록했다지 뭐예요! 그 남자는 매티가 기계조립 공장에 모형을 가져갔을 때, 매티의 디자인을 훔쳤던 거예요. 찰스 아난은 여자가 기계를 발명한다는 걸 아무도 믿지 않으리라 생각했지요. 그래서 마음 푹 놓고 자기 발명품이라고 떠들고 다녔어요.

　하지만 그 남자는 매티가 어떤 사람인지 전혀 몰랐답니다! 매티는 결코 순순히 포기하는 법이 없거든요. 결국 법원에 소송을 제기했지요.

재판하는 날, 매티는 안절부절못했습니다.

아무도 매티를 믿어 주지 않으면 어쩌지요?

찰스 아난이 먼저 그 뻔뻔스러운 입을 열었습니다.

"여자 발명가가 있다는 소리를 들어본 적이나 있습니까?
여자들은 기계를 알지도 못해요. 그런데 어떻게 여자가
이렇게 잘 돌아가는 기계를 만든단 말입니까?"

법정에 있는 사람들은 여자 발명가가 있다는 말을 들어 본 적이 없었어요.
이제 매티 차례였습니다.

"저는 2년 전 부터 설계도를 그렸어요."
매티는 법정에 모인 사람들에게 공책과
작업일지를 보여주었습니다. 그 작업일지
맨 꼭대기에는 날짜가 적혀 있었어요.
매티는 이어 말했습니다.

"제대로 작동하는지 확인하느라고 시간이 걸렸어요. 그래서 나무 모형이 필요했습니다."

매티의 이야기가 사실이라는 건 분명했습니다.

마침내 판사가 판결을 내렸어요.

"종이봉투 특허는 매티 나이트에게 있다! 매티의 아이디어는 독창적이다."

매티는 재판에서 이겼습니다! 그 때가 1870년이었어요.

매티는 첫 번째 특허권을 당당하게 신청했답니다.

　이제 가게마다 전부 매티가 발명한 종이봉투에 물건을 담아 손님에게
건넸지요.

　어느 날, 매티가 어머니를 뵈러 가는 길에 맥스웰 아저씨 철물점에 들
렀어요. 여전히 매티가 가장 좋아하는 가게였으니까요.

“못 두 상자, 파이프 네 개, 철사 두 뭉치,
그리고 새로 나온 망치 하나 주세요.”
매티가 주문했어요.
“여기 있다, 매티!”
맥스웰 아저씨가 말했어요. 아저씨는 물건을 전부
그 튼튼하고 바닥이 평평한 종이봉투에 담아 주었답니다!
“이제 뭘 만들 거냐?”
맥스웰 아저씨가 물었어요.
매티는 그저 미소만 지었답니다.

발명가 매티
마거릿 나이트에 대해 좀 더 자세히 알아볼까요!

EASTERN PAPER BAG COMPANY

매티는 결혼을 하지 않고 혼자서 살았어요.
자신이 가장 좋아하는 발명을 하면서 평생을 보냈지요.

1800년대만 해도 여자가 발명을 하기에는 환경이 무척 힘겨웠습니다.
그렇지만 매티는 의지가 강했어요.
자신의 능력에 확신도 있었고요.

매티는 이렇게 썼습니다.
"내가 이루어 놓은 것이 전혀 놀랍지 않다.
남자들만큼 기회를 가질 수 없어서 안타까울 뿐이다."

매티는 평생 많은 업적을 이루어냈어요.
이스턴 페이퍼 백 컴퍼니(Eastern Paper Bag Company)를 설립해 계속 발명도 했어요. 그중에는 로터리 엔진, 구두 밑창을 자르는 기계, 숫자를 세는 기계도 있었지요.

1914년 매티가 숨을 거두었을 때,
매티 이름의 발명품은 아흔 가지, 특허권은 스무 개가 넘었답니다.

발명가 매티, 마거릿 나이트는 누구?

Margaret E. Knight

　미국의 여성 발명가 매티(마거릿 나이트, 1838~1914)는 바닥이 네모반듯하고 평평한 종이봉투를 만들었어요. 오늘날에도 많은 가게에서 그 종이봉투를 이용하지요.

　매티가 만든 종이봉투 기계는 특별했어요. 재료인 종이를 넣고 기계를 작동시키면 봉지의 바닥 부분이 네모반듯하게 탁탁 모양이 잡혀 나왔어요. 예전에 사용하던 종이봉투는 바닥이 평평하지 않아서 담을 공간이 부족했기 때문에 물건을 조금만 넣어도 금세 꽉 차 버리고 말았지요. 하지만 매티가 만든 종이봉투는 달랐답니다. 훨씬 많은 물건을 여유 있게 가득 담을 수 있었거든요.

　어른이 된 매티는 훗날 27개의 특허와 90가지 이상의 발명품을 만들었죠. 열정적인 발명가로 성장한 매티는 이 세상에 당당히 자신의 이름을 남겼답니다. 종이봉투가 발명된 지 100년이 넘은 지금까지도, 매티의 작은 아이디어는 여전히 빛을 내며 많은 사람들에게 도움을 주고 있습니다.

마거릿 나이트는 1838년 2월 14일 미국의 메인 주에 속해 있는 요크 시에서 태어났어요. 가족들은 그녀를 매티라는 귀여운 이름으로 불렀답니다.

매티는 어릴 때부터 무언가를 만드는 것에 소질이 있었어요. 호기심을 끄는 신기한 물건이 있으면 매티는 이렇게 저렇게 움직여 보고, 가만히 들여다보면서 물건이 움직이는 원리를 골똘히 생각했지요. 관찰 끝에 알게 된 것들은 제 손으로 직접 따라 만들어 보기도 했고요.

사람들이 보기에는 아주 사소한 장난감을 만드는 일일 수도 있지만, 매티에게는 무언가를 만들기 위해 열중하는 시간들이 정말 소중했어요. 만들다가 잘 안 될 때는 깊은 고민에 빠져 있다가도, 새로운 아이디어가 떠오르면 언제 그랬냐는 듯 힘이 생겨났지요. 제 손으로 무언가를 만들고 나면 해냈다는 기쁨과 벅찬 감동이 매티의 가슴을 뿌듯하게 했어요.

매티는 가끔 오빠들에게 작은 장난감 같은 것을 선물로 만들어 주었어요. 특히 연과 썰매를 잘 만들었지요. 만드는 솜씨가 매우 뛰어나서 마을에는 매티를 따라갈 사람이 없었다고 해요. 얼마나 잘 만들었는지 동네 사람들에게 25센트를 받고 연을 팔기도 했대요. 마을에서 가장 높이 날아오르는 연, 빠른 속도를 자랑하며 씽씽 내달리는 썰매를 선물 받은 매티의 두 오빠들도 그런 매티가 자랑스러웠고요.

매티가 3살이 되던 해, 아버지가 돌아가시면서 매티의 집안 형편은 많이 어려워졌습니다. 매티의 가족은 돈을 벌기 위해 고향을 떠나 다른 지역으로 이사를 떠나게 되었고요.

18세기 후반 영국에서 시작된 '산업 혁명'의 바람을 타고 미국에도 옷감을 만드는 방직공장이 여기저기에 생겨났어요. 한창 부모님의 품에서 뛰놀아야 할 어린 아이들이 공장에서 힘든 일을 했지요. 매티도 제대로 된 학교 교육을 받지 못한 채 공장에서 일을 시작하게 됐습니다.

시끄러운 소음과 먼지가 풀풀 날리는 공장이었지만 공구와 기계를 좋아하던 매티에게는 오히려 그곳이 재미있는 놀이터이자 훌륭한 학교가 되어 주었어요. 매티는 여느 소녀들처럼 인형이나 예쁜 장신구에 관심이 가지 않았거든요. 대신 공장의 커다란 기계가 움직이는 것을 보면 마음이 설레었어요. 매티가 흥미를 느끼는 것들은 기계를 조립하는 방법이나 잭나이프, 송곳과 같은 투박한 공구들이었지요.

그러던 어느 날, 매티가 일하는 공장에서 사고가 일어났어요. 옷감을 만드는 방직기계가 잘 작동하다가 갑자기 부품 하나가 툭 튕겨져 나온 거예요. 튀어 나온 부품은 공장 직원의 다리에 날아와 박혀 큰 부상을 입혔어요. 위험한 현장을 목격한 매티는 그날 이후 어떻게 하면 그런 사고를 막을 수 있을지 고민하게 됩니다.

공장소녀 – 루이스 W. 하인(Lewis W. Hein)
1908년 사진작가 루이스 하인이 미국의 어느 공장에서 찍은 사진이에요. 저 당시에는 학교를 다닐 만한 나이의 어린이들이 공장에서 고된 일을 했어요. 루이스 하인은 어린이 노동자들의 사진을 찍어 그들의 실제 모습을 세상에 널리 알리고, 도움을 주려 했습니다.

밤낮으로 해결 방법을 골똘히 생각하던 매티에게 마침내 좋은 아이디어가 떠올랐어요. 방직기계에 이상이 생기면 스스로 동작을 멈추게 하는 장치였지요. 매티는 방직기계의 단점을 보완할 수 있는 장치의 모양을 생각하며 그림을 그려 나갔어요. 그런 과정을 통해 완성된 방직기계 안전장치는 미국 방방곡곡으로 퍼져 나가 여러 공장에 설치되었습니다. 열두 살 매티의 발명은 수많은 사람의 안전을 지켜 준 값진 것이었어요.

19세기 중반, 매티가 살던 시대에는 여성의 사회 활동이 너무도 많이 제한돼 있었어요. 여자라는 이유로 교육을 제대로 받을 수 없었고, 좋은 직업을 갖는 것도 힘들고, 여성들은 투표권이 없어서 중요한 선거가 있어도 구경만 해야 했어요. 그저 집안일을 돌보며 남편과 아이들을 잘 보살피는 현모양처가 되는 게 훌륭한 여자의 삶이었지요.

매티가 살았던 1800년대에는 산업혁명의 영향으로 발명가들이 많아졌고, 해마다 수많은 발명품들이 쏟아져 나왔어요. 하지만 발명가의 대부분은 남자였습니다. 여자는 발명할 만한 능력이 없는 존재로 여겼거든요. 잘못된 편견이 지배하는 시대였지요. 심지어 여자가 발명한 발명품은 나라에서 인정해 주지 않아서 여성 발명가의 이름 대신 남편의 이름으로 특허가 등록되는 일도 있었어요.

매티도 여성이라는 편견 때문에 찰스 아난에게 종이봉투 만드는 기계의 특허를 빼앗길 뻔한 일이 있었지만 그녀는 이런 시련에 꺾이지 않았어요. 문제에 정면으로 맞서 싸우면서 자신의 권리를 얻어냈지요.

매티가 만든 종이봉투는 21세기가 된 오늘날까지도 여전히 많은 사람들에게 도움을 주고 있습니다. 매티가 만든 종이봉투 기계는 미국의 스미스소니언 박물관에 전시되어 있어 실물로 볼 수 있지요.

매티는 발명 특허를 다른 사람에게 팔고 한꺼번에 큰돈을 벌고 편히 살

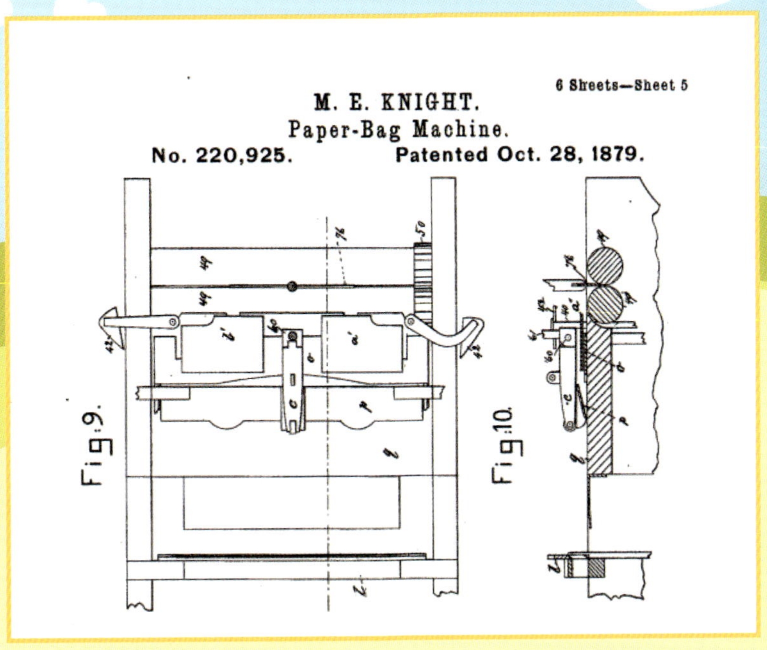

미국 특허청에 등록되어 있는 마거릿 나이트의 종이가방 기계 설계도.

수도 있었지만, 본인이 직접 공장을 운영하면서 여러 가지 발명품 개발에 계속 도전했습니다. 평생을 독신으로 살며 발명에 힘쓴 매티는 27개의 특허와 90개가 넘는 발명품을 만들어 냈고요. 이러한 공로 덕분에 매티는 1871년 빅토리아 여왕으로부터 왕실명예메달을 받았습니다.

매티가 죽은 지 100년이 지났지만 종이산업을 발전시킨 공로로 미국 국제종이산업 명예의 전당에 매티가 소개되어 있고, 미국 발명가 명예의 전당에도 혁신의 여성 발명가 명단에 매티의 이름이 올라 있습니다.

종이봉투에 담겨 있는 다양한 발명가들의 아이디어!

종이봉투는 우리 일상 속에서 쉽게 만날 수 있어요. 너무도 흔한 물건이라서 그냥 지나치기 일쑤지만, 이 작고 평범한 종이봉투 하나에도 발명의 비밀이 곳곳에 숨어 있답니다. 그럼 종이봉투에 담겨 있는 발명가들의 빛나는 아이디어를 하나하나 찾아볼까요?

1852년 | 프란시스 울, 처음으로 종이봉투 기계를 만들었어요

프란시스 울은 종이봉투를 대량으로 생산할 수 있는 기계를 처음 만들었어요. 그가 만든 종이봉투는 지금의 편지봉투와 비슷했지요. 봉지 속 공간이 좁아서 지금처럼 물건을 넉넉히 담을 수는 없었어요.

1871년 | 마거릿 나이트, 바닥이 평평한 종이봉투에 물건을 가득 담아요!

발명가 매티(마거릿 나이트)는 기존의 납작한 봉지 디자인을 보완했어요. 매티가 만든 기계에서는 바닥이 네모반듯하고 평평한 종이봉투가 나왔지요. 이것은 작지만 굉장한 변화였어요. 사각기둥 모양으로 종이봉투에 공간을 만들어 주어서 더 많은 물건을 담을 수 있게 했거든요.

1873년 | 루터 차일즈 크로웰, 봉지 바닥의 모양을 개선했어요!

매티가 만든 평평하고 네모반듯한 종이봉투의 발명을 이어 받아 바닥의 기능을 좀더 보완했습니다.

1883년 | 찰스 스틸웰, 옆면이 접히는 종이봉투

찰스 스틸웰은 종이봉투의 옆면에 아코디언 주름처럼 접히는 부분을 새롭게 넣었지요. 이것은 많은 봉지를 접어서 보관하기에도 편리하고, 물건을 담을 때도 봉지 입구가 잘 열려 있도록 도와줬어요.

1930년대 미국에 슈퍼마켓이 생기면서부터 종이봉투는 사람들에게 널리 퍼지게 됐어요. 슈퍼마켓에서는 손님들이 구매한 물건을 종이봉투에 담아 주었거든요. 그러면서 종이봉투 발명가들의 노력도 같이 빛나게 되었지요. 1970년대 중반, 비닐봉지가 등장하면서 점차 종이봉투를 대신하게 되었지만 지금도 종이봉투는 많은 사람들이 이용하고 있어요. 환경오염 문제가 심각해지자 썩지 않는 비닐봉지 대신 일부러 종이봉투나 에코백이라고 불리는 천 가방을 들고 다니는 사람도 늘어났습니다.

발명은 특별한 사람만 할 수 있는 걸까요? 어떻게 하면 생활 속의 불편을 해결할 수 있을지 호기심으로 지켜보고, 나의 아이디어를 행동으로 옮길 의지가 있다면 누구라도 발명가가 될 수 있어요. 여러분의 아이디어를 세상에 맘껏 펼쳐 보세요. 우리 동네 발명왕은 바로 내가 될 거예요!

호기심 팡팡 지식이 쏙쏙 시리즈 ❸

마거릿 나이트, 종이봉투에 세상을 담다!
발명가 매티

1판 1쇄 펴낸날 2015년 6월 30일

지은이 모니카 쿨링
그린이 데이비드 파킨스
옮긴이 김선희

펴낸이 은보람
펴낸곳 도서출판 달과소
출판등록 2010년 6월 21일 제2010-000054호.
주소 우) 140-902 서울시 용산구 후암동 403-15
전화 02-752-1895 | **팩스** 02-752-1896
전자우편 book@dalgwaso.com
홈페이지 www.dalgwaso.com
찍은곳 한빛인쇄

ISBN 978-89-91223-64-6 [73990]